PÂTE À SEL

Texte, croquis, modelages de Catherine Baillaud
Photos de Luc Bérujeau
Couverture Dominique Farantos

A tous ceux, petits et grands,
qui m'ont apporté leur soutien et leurs idées
pour que naisse cet ouvrage.

11, rue Duguay-Trouin 75006 Paris

COLLECTION MANIE-TOUT

2/ Cerfs-volants
3/ Marionnettes à fils
4/ Vive carnaval !
5/ Le tapissier amateur. Réfection des sièges
6/ Cannage-rempaillage
7/ Pâte à sel
8/ Couronnes en fête
9/ Les masques démasqués Pâtes plastique, résine, latex, cuir
10/ Le plâtre. Empreinte, moulage, décoration
11/ Le livre complet de la peinture sur soie
12/ Masques aux quatre saisons plumes, perles, feuilles, paillettes
13/ Aéromodélisme Petits avions en polystyrène
14/ Cadrans solaires
15/ Bijoux en soie
16/ Vidéo Le guide de l'amateur
17/ L'artisan vernisseur
18/ Cartonnage-gainerie

PRÉSENTATION

AVANT-PROPOS

"Nous avons déjà examiné dans notre livre *l'Eau et les Rêves* quelques-unes des rêveries qui se forment dans le lent travail du pétrissage, dans le jeu multiple des formes qu'on donne à la pâte à modeler… Dans l'imagination de chacun de nous existe l'image matérielle d'une pâte « idéale », une parfaite synthèse de résistance et de souplesse, un merveilleux équilibre des forces qui acceptent et des forces qui refusent… Si la poésie doit réanimer dans l'âme les vertus de création, si elle doit nous aider à revivre, dans toute leur intensité et dans toutes leurs fonctions, nos rêves naturels, il nous faut comprendre que la main, aussi bien que le regard, a ses rêveries et sa poésie. Nous devrons donc découvrir les poèmes du toucher, les poèmes de la main qui pétrit… Dès lors on comprend que le travail d'une pâte optima puisse psychanalyser une main en lui enlevant peu à peu son avarice, son agressivité, en lui donnant peu à peu, fibre par fibre, les muscles de la générosité… Mais naturellement la prise de forme, le modelage est une telle joie des doigts, il conduit à de telles valorisations qu'une psychologie de l'imagination dynamique devrait l'étudier minutieusement… Nous ne traiterons donc du modelage que dans ses tout premiers tâtonnements, lorsque la matière se révèle comme une invitation à modeler, lorsque la main rêveuse jouit des premières pressions constructrices… Mais le rêve travaille vite ; le modeleur endormi termine bientôt ainsi son récit onirique : « Je malaxai et pétris la pâte un petit moment et tins soudain dans ma main un petit homme merveilleusement beau » (Gaston Bachelard, « La pâte », in *la Terre et les rêveries de la volonté*)."

INTRODUCTION

Qu'est-ce que la pâte à sel, sinon de la pâte à pain sans levain, trop salée pour être mangée ? C'est aussi la pâte à modeler du pauvre qu'on fabrique à la cuisine avec des denrées bien ordinaires ; mais la valeur symbolique de la farine, du sel et de l'eau ne peut pas faire de cette pâte une pâte banale. D'où cette pâte périssable tient-elle sa vitalité face au choix des séduisantes pâtes à modeler industrielles, prêtes à l'emploi et faciles à conserver ?

La « pâte à sel » doit son appellation à la quantité de sel importante qui la caractérise. En fait son histoire est celle du pain et nous fait remonter les dix millénaires qui nous séparent des premières cultures de céréales. La fabrication de pâte a toujours suscité des créations artistiques, mêlant le décoratif à l'alimentaire. Dans l'Antiquité grecque on offrait des figurines en pâte à la déesse de la fécondité. Au Moyen Age les modelages en pâte vendus sur les marchés étaient très populaires. Les Incas enterraient leurs morts avec des petits personnages ou animaux de pâte pour les accompagner. Aujourd'hui encore, les modelages en pâte perpétuent ces traditions de toujours et s'associent aux cérémonies et fêtes religieuses : crèches en mie de pain mexicaines, couronnes de mariage crétoises et grecques, modelages en pâte de riz d'Asie, etc. La « pâte à sel » est particulièrement populaire en Allemagne où le sapin s'associe à la fête de Noël depuis le XIXe siècle ; les pauvres gens le décoraient d'objets en pâte, et pour que ceux-ci ne soient pas mangés par les souris (ainsi que par les enfants !) ils y ajoutaient force sel...

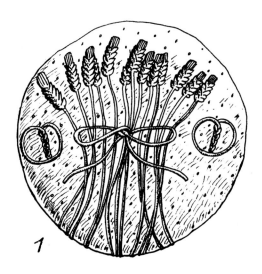
1

Richesse des pauvres, pâte sacrée, pâte à cadeaux, la pâte à sel n'a pas d'âge ni de recette précise. Chacun la prépare à sa façon, et de la quantité de sel qu'on y met dépend sa consistance et ses performances.

Sans sel cette pâte serait comestible mais aussi trop élastique pour être facilement modelée, et très cassante après cuisson. Séchée ou cuite, la pâte à sel est éternelle si on la conserve à l'abri de l'humidité.

Les photos présentées ici proposent des réalisations variées mais n'illustrent pas toutes les possibilités qu'offre cette pâte. Excellente pour relever des empreintes mais aussi pour donner forme à toutes sortes d'idées, la pâte à sel offre à la main, à l'imagination et au cœur l'occasion de travailler ensemble. Du simple plaisir tactile au projet que l'on élabore, la pâte à sel s'adresse à tous : hygiénique, pratique, économique, c'est aussi la pâte rêvée des tout-petits qui gâchent, détruisent, explorent.

Le modelage de la pâte à sel est à la portée de chacun ; c'est une pâte à travailler le plus simplement, le plus franchement possible. Si cet ouvrage présente autant de références à l'art primitif, médiéval ou populaire, c'est afin d'offrir au lecteur un catalogue de formes et de reliefs admirables, d'une grande simplicité, qui corresponde aux exigences de la pâte à sel. Peut-être aussi le modeleur de jadis sommeille-t-il dans tout modeleur de pâte à sel ?

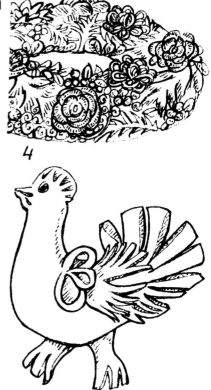

1 - Pain des moissons (Beaune)
2 - Bretzel du Nouvel An (Alsace)
3 - Pain de Lazare (Crète)
4 - Pain de mariage (Crète)
5 - Figurine pour l'arbre de Noël (Vienne)

LA PÂTE À SEL : SA FABRICATION

Les ingrédients indispensables

• La farine : elle peut être complète ou raffinée. De son degré de blutage dépendent la consistance et la couleur de la pâte. Plus la pâte contient de son, plus elle est rustique et irrégulière. Les modelages présentés ici utilisent une farine ordinaire et bon marché. La farine donne à la pâte son élasticité et sa douceur.

• Le sel : le sel aussi peut être utilisé à différents degrés de mouture. Comme nous le verrons plus loin (page 8), sa présence limite l'élasticité de la pâte. Plus le sel est gros, plus la pâte est grumeleuse ; plus il est fin (on peut le rendre impalpable au moulin à café), plus la pâte est douce et lisse.

Dans cet ouvrage, les modelages présentés utilisent du sel fin. Selon les marques du commerce, les moutures sont différentes. Le choisir selon ses préférences.

• L'eau : l'eau permet de lier les ingrédients. Sa quantité dépend de la qualité de la farine, de l'humidité ambiante, et de la main qui prépare et utilise la pâte (une main sèche demande moins de farine, une main moite davantage). C'est pourquoi la quantité d'eau sera laissée au jugement de chacun ; de cette façon, en procédant comme pour la pâte à tarte, chacun apprendra à faire une pâte « à sa main ».

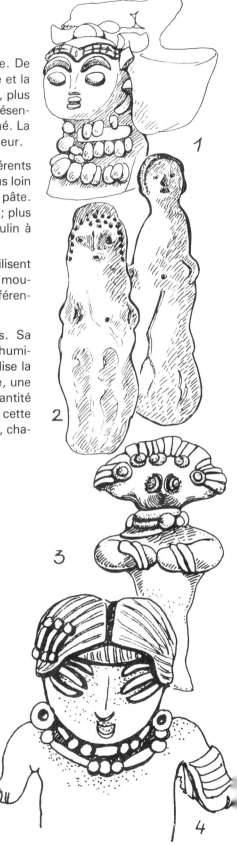

1 - Buste de déesse - terre (IIIe mill. vallée de l'Indus)
2 - Poupées en pâte à sel (enfant de quatre ans, France)
3 - Figurine syrienne en terre cuite
4 - Figurine mexicaine (Ier mill. av. J.-C.)

Les ingrédients facultatifs

• La glycérine ou l'huile d'arachide : l'adjonction de l'une ou l'autre donne une pâte séchant moins vite à l'air. À la cuisson, cette pâte colore davantage.

Une recette : 4 verres de farine, 1 verre et demi de sel, 1 verre et demi d'eau, 1 cuillerée à soupe de glycérine.

• La colle à papier peint : elle donne aux modelages séchés à l'air une solidité meilleure : les soudures sont plus sûres.

Une recette : 2 verres de farine, 2 verres de sel fin, 1/2 à 1 cuillerée à soupe de colle à papier peint prête à l'emploi, de l'eau.

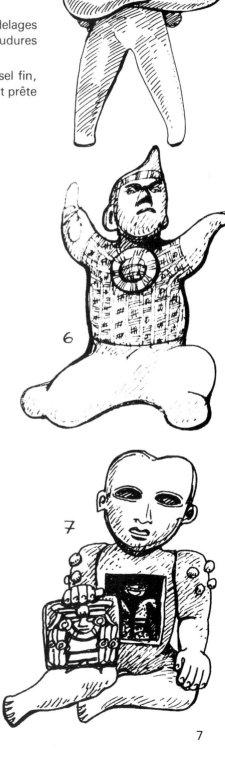

5 - Guerrier mexicain
6 - Terre cuite gravée mexicaine
7 - Figurine aux bras articulés (Mexique)

Les proportions

Les proportions de farine et de sel peuvent être variées : plus la pâte contient de sel, plus elle est difficile à étirer et plus son aspect est proche de celui de la pierre ; moins elle en contient, plus elle est instable, élastique et proche de la pâte à pain sans levain (ou pâte morte).

> Les proportions les plus courantes et donnant une pâte idéale au contact et au modelage sont les suivantes :
>
> 200 g de farine,
> 200 g de sel fin,
> de l'eau.
>
> ce qui équivaut aux doses suivantes :
>
> 1 verre de sel,
> 2 verres de farine,
> de l'eau.

Dans un saladier, verser le sel et le recouvrir d'eau (1).
Ajouter la farine (2).
Mélanger en rajoutant ce qu'il faut d'eau pour lier les ingrédients (3). Si l'on obtient une pâte friable, c'est qu'elle manque d'eau. Si elle est trop molle, elle n'aura pas de tenue : il faut lui rajouter de la farine.

La seule difficulté est d'ajouter la bonne quantité d'eau. Il faut l'ajouter progressivement jusqu'à ce qu'on obtienne une pâte malléable.

La pâte colorée

La pâte à sel peut être colorée avec des colorants naturels (cacao, café, curry…) ou de la gouache, de l'encre, des colorants en poudre.

Il est préférable d'ajouter l'encre au sel en fabriquant la pâte, pour mieux doser l'eau ensuite. La gouache, moins liquide, peut être ajoutée à la pâte déjà prête.

Pour colorer la pâte, il suffit d'y faire un trou, d'y ajouter la couleur, et de bien mélanger (si la pâte ramollit trop, rajouter de la farine).

On obtient ainsi, selon la quantité de couleur employée, des couleurs pastel ou des couleurs denses. La pâte d'un noir ou d'un blanc intense nécessite beaucoup de gouache mais elle est particulièrement séduisante. Les pâtes très colorées sont salissantes : nettoyer table et mains avant de changer de couleur.

La dorure

La pâte à sel peut être mouillée avant d'être enfournée, pour mieux dorer. La dorure au jaune d'œuf donne un glacis supplémentaire.

Le séchage

• Le séchage à l'air : c'est le moins coûteux mais le plus long ; la chaleur d'un radiateur ou du soleil lui est précieuse.

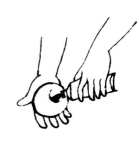

• Le séchage au four : il se fait porte entrouverte (four doux) et demande de longues heures.

La cuisson au four

• Électrique ou à gaz : si les modelages sont très petits (2 à 3 cm), ils supportent une cuisson vive (220°/6-7 au thermostat).

Une chaleur moyenne est idéale pour les petits volumes (180°/5 au thermostat).

Une chaleur douce est préférable pour les modelages aux épaisseurs variées (160°/2-3 au thermostat).

• À micro-ondes : le four à micro-ondes permet d'obtenir des modelages de couleur ivoire.

Plus le four est chaud, plus la pâte gonfle et colore, mais cuit rapidement (une demie à une heure). Plus il est doux, plus la cuisson est longue (plusieurs heures) et peu colorée. En règle générale, une chaleur que l'on augmente progressivement assure une cuisson sans surprise.

QUE FAIRE AVEC LA PÂTE À SEL ?

La pâte à sel permet de concrétiser toutes sortes d'idées et de fabriquer : bijoux (broches, perles, badges...) ; farces et attrapes ; jeux, maquettes ; décors ; dînettes factices ; marionnettes, poupées ; décorations (garnitures pour sapin, table de fête...) ; cadeaux personnalisés ; motifs traditionnels pour festivités (mariages, anniversaires, fêtes...).

De la farine, du sel, de l'eau... la pâte à sel s'improvise à tout moment, à toute occasion.

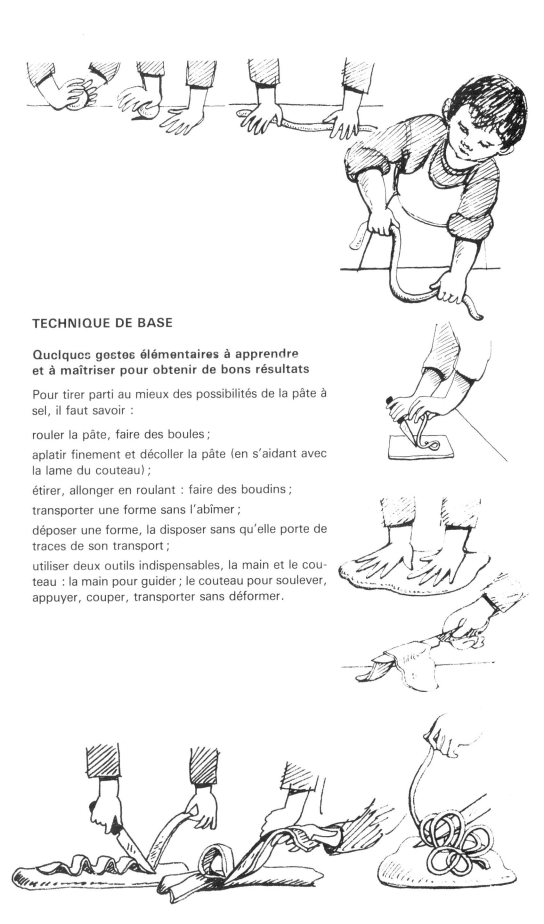

TECHNIQUE DE BASE

Quelques gestes élémentaires à apprendre et à maîtriser pour obtenir de bons résultats

Pour tirer parti au mieux des possibilités de la pâte à sel, il faut savoir :

rouler la pâte, faire des boules ;

aplatir finement et décoller la pâte (en s'aidant avec la lame du couteau) ;

étirer, allonger en roulant : faire des boudins ;

transporter une forme sans l'abîmer ;

déposer une forme, la disposer sans qu'elle porte de traces de son transport ;

utiliser deux outils indispensables, la main et le couteau : la main pour guider ; le couteau pour soulever, appuyer, couper, transporter sans déformer.

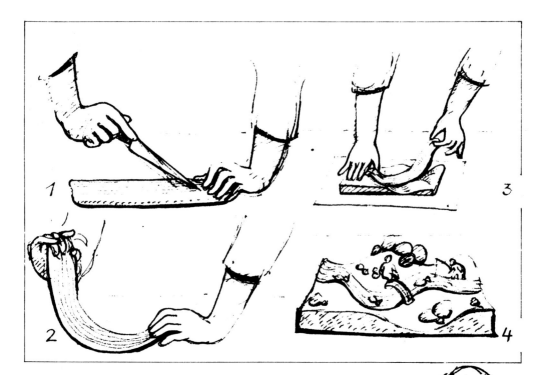

- La pâte à sel se strie (1) ;
- s'étire en souplesse (2) ;
- s'adapte au support (3) ;
- s'agrémente de reliefs nouveaux (4).

La pâte à sel a besoin de formes nettes. Qu'elle soit piquée, coupée, percée, écrasée, une règle d'or : lorsque la forme est donnée, ne pas la retoucher. Aussi est-il conseillé de toujours préparer un modelage sur son support de séchage ou de cuisson (papier ou aluminium).

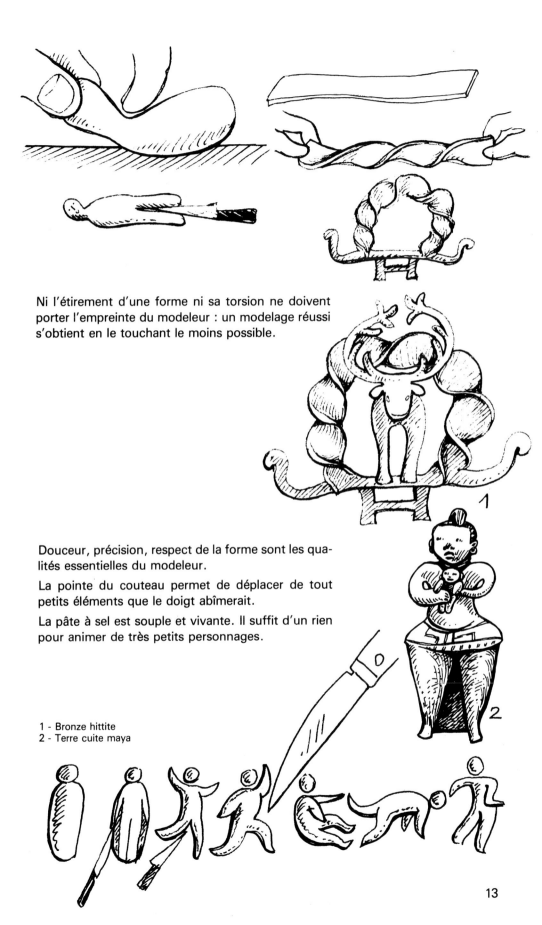

Ni l'étirement d'une forme ni sa torsion ne doivent porter l'empreinte du modeleur : un modelage réussi s'obtient en le touchant le moins possible.

Douceur, précision, respect de la forme sont les qualités essentielles du modeleur.

La pointe du couteau permet de déplacer de tout petits éléments que le doigt abîmerait.

La pâte à sel est souple et vivante. Il suffit d'un rien pour animer de très petits personnages.

1 - Bronze hittite
2 - Terre cuite maya

PETIT LEXIQUE DE LA PÂTE À SEL

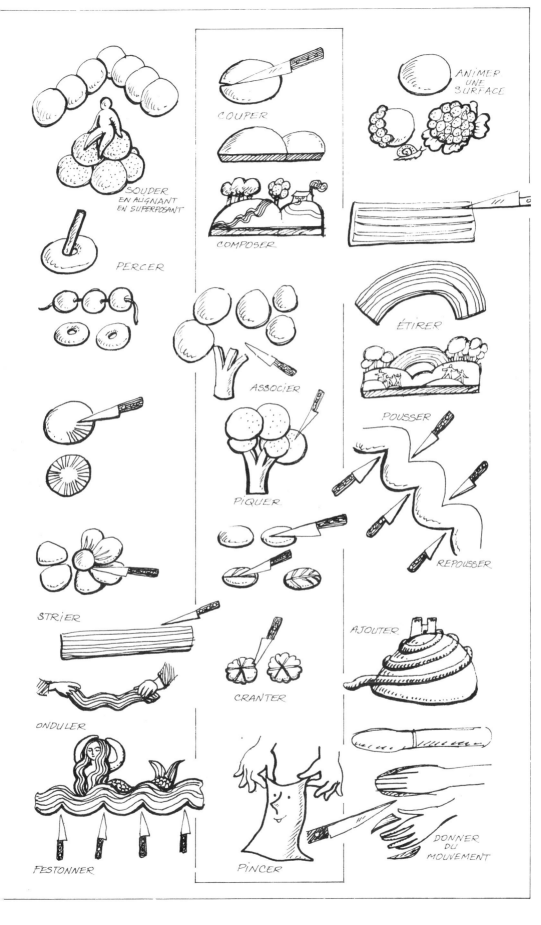

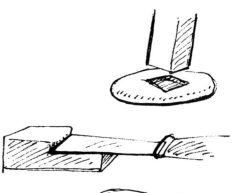

LES OUTILS

Chaque outil entraîne un geste et un résultat : la pâte à sel est un bon terrain d'expériences. Un conseil : après usage, laver tous les ustensiles en fer qui finissent par rouiller au contact du sel.

Les moulinettes, râpes, machines à faire les pâtes procurent de grandes joies aux jeunes utilisateurs. Les vermicelles, spaghetti, lasagne ainsi obtenus font une dînette factice immédiate (après séchage ou cuisson, l'illusion est totale), mais peuvent aussi servir à confectionner des modelages plus complexes. Leur déplacement demande du soin et surtout un minimum d'intervention, afin de préserver leur légèreté et leur finesse.

Couper, animer, ciseler, cranter : des gestes simples pour animer une surface

Des coups de ciseaux donnent beaucoup de relief à une surface lisse. Couper franchement, sans jamais retoucher.

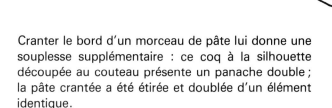

Cranter le bord d'un morceau de pâte lui donne une souplesse supplémentaire : ce coq à la silhouette découpée au couteau présente un panache double ; la pâte crantée a été étirée et doublée d'un élément identique.

Chèvre en pâte (Tchécoslovaquie) décorée aux ciseaux
Poule associée à la mort (Tyrol) ; les crans permettent d'étirer la pâte
Ange en pâte à sel (enfant de quatre ans, France) ; ailes marquées au couteau

FAIRE DES EMPREINTES

La pâte à sel restitue fidèlement les empreintes qui gardent leur précision après séchage ou cuisson. La première empreinte est celle du doigt, de la main. La pâte à sel est sans danger pour la peau (mais éviter que celle-ci présente des petites plaies ou coupures, le sel est alors irritant), et sans risque pour les objets utilisés.

Si l'on cherche des empreintes pour jouer mais aussi pour décorer des modelages, alors leur choix n'a pas de limites : à partir de semelles, souvent joliment décorées, de dentelles, tricots, toiles, canevas, ustensiles de cuisine, corbeilles, jouets, tampons à imprimer, la pâte à sel fait de superbes empreintes.

Il suffit d'enfoncer légèrement dans la pâte l'objet dont on veut la trace et de le détacher ensuite délicatement (plus le relief est profond, plus il faut être soigneux). Partir à la recherche d'empreintes est passionnant, et permet de constituer toutes sortes de jeux que l'on peut sécher, cuire et colorer à volonté.

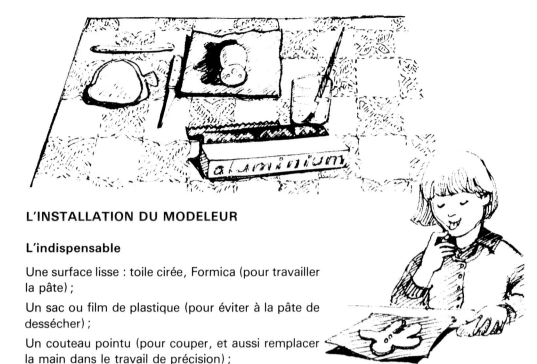

L'INSTALLATION DU MODELEUR

L'indispensable

Une surface lisse : toile cirée, Formica (pour travailler la pâte) ;

Un sac ou film de plastique (pour éviter à la pâte de dessécher) ;

Un couteau pointu (pour couper, et aussi remplacer la main dans le travail de précision) ;

Un rouleau d'aluminium (pour la cuisson). Le papier convient aussi mais se décolle moins bien ; il faut le couper au ras du modelage pour qu'il ne brûle pas.

De l'eau (pour la soudure et les mains sèches) ;

De la farine (pour les mains moites).

Le pinceau et l'eau servent à humidifier les parties à souder. Pour aller plus vite, un coup de langue suffit (à condition de ne pas le faire trop souvent : ça donne soif !).

Il est important de souvent se laver les mains pour les garder nettes au cours du modelage. On gagne ainsi en précision et en habileté.

La cuisson doit être constamment surveillée lorsqu'elle se fait à four moyen ou chaud. Les cuissons douces, très lentes, demandent moins de surveillance.

LE MODELAGE SANS CUISSON : SOUDURE, COMPRESSION, SÉCHAGE.

LE JEU, LES INCRUSTATIONS

Ces activités s'adressent particulièrement aux très petits enfants. Trop salée pour être mangée, la pâte à sel n'est pas toxique et les enfants qui la mettent à la bouche s'en lassent vite. Elle s'improvise à la maison et constitue une source de jeux inépuisable.

Après le jeu, la pâte peut être rangée dans un sac en plastique et réutilisée plus tard (ne pas la conserver plus de trois jours).

Colorée, elle prend des allures de massepain. Séchée, ses couleurs pâlissent mais retrouvent leur intensité avec une couche de vernis.

Les enfants jeunes peuvent travailler directement sur un papier coloré. Celui-ci fait office de fond : en séchant, le modelage y adhère et on peut l'épingler au mur. Ces réalisations sont néanmoins très fragiles.

La pâte à sel est un bon support pour incruster pâtes, graines, coquillages, mosaïque...

L'adjonction de colle peut donner une meilleure tenue aux soudures (voir recette page 7).

Pour que les graines ne se décollent pas lors du séchage, veiller à ce que la pâte les recouvre un peu pour les retenir.

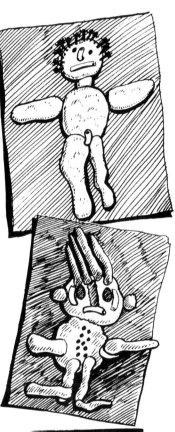

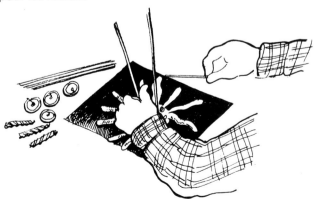

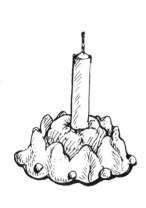

Baguettes, allumettes, spaghetti... permettent d'élaborer des constructions fragiles et des équilibres audacieux. Qui n'a jamais fait de bougeoir, ou de pique-fleurs avec des cannelloni piqués dans une boule de pâte? Après séchage ou cuisson (douce), ces pâtes alimentaires sont superbes, dorées ou argentées à la bombe!

Mosaïque en pâte à sel

Les éléments de la mosaïque peuvent être préparés avec de la pâte colorée que l'on étale, coupe et sèche. Leur épaisseur doit augmenter avec leur format pour ne pas casser lorsqu'on les enfonce dans la pâte fraîche.

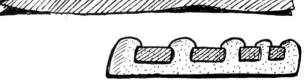

Veiller à ce que la pâte forme un bourrelet pour retenir chaque élément, et faire sécher. Il est conseillé de presser la mosaïque avec une plaque de verre, afin qu'elle retrouve une surface plane.

Par son faible prix de revient, la pâte à sel permet les jeux de mélanges et les associations de couleurs.

Il est important de valoriser ce jeu chez les petits, pour qui toute transformation est riche d'évocations. Cette « cuisine » est alors le support d'une expression orale intense. Râpée, roulée dans la farine ou le gros sel, la pâte colorée fait des paillettes, des truffes, des dînettes improvisées. Ces jeux peuvent s'exercer sans crainte pour le matériel utilisé : la pâte à sel ne tache pas et se nettoie d'un coup de chiffon humide.

Mais si l'action prime chez les petits, la réussite d'un résultat est l'objectif des plus grands. La pâte à sel permet des superpositions de couleurs et de formes complexes. Ajouter par précaution de la colle à la pâte pour permettre aux éléments de tenir par simple contact. Humidifier légèrement les surfaces qui doivent être soudées.

1

2

Réalisations

Le personnage en mie de pain (1, Équateur) est une poupée modelée et habillée de pâte. Les motifs floraux qui garnissent ses vêtements sont des filets de pâte colorée et des fleurs, dont feuilles et pétales sont piqués au couteau.

Le masque carthaginois en pâte de verre bleu et blanc (2) utilise des incrustations de pâte blanche (sourcils, yeux, bouche) et des vrilles simplement ordonnées autour du visage bleu. La pâte à sel s'accomode bien du contraste de la couleur enfoncée (sans relief) et de la couleur en reliefs variés, simplement humidifiés pour coller au support.

Le masque africain (3) ainsi que l'idole de terre cuite (4, Chypre, IIIe mill. av. J.-C.) proposent des stries pour décor. Leur ordonnance et leur nombre agrémentent des surfaces bombées ou plates. Les stries dans la pâte à sel demandent une certaine pression, cela pour ne pas arracher la surface de la pâte et obtenir de belles lignes. Il faut enfoncer la lame et maintenir la pression en dessinant dans la pâte. Les marques sont ainsi profondes et uniformes.

Des empreintes régulières animent la carapace de ce tatou inca (5). On peut, de la même façon, estamper une surface de pâte à sel par pression répétée d'un motif.

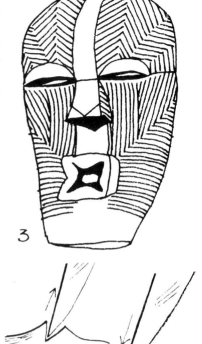

POUR NE PAS ARRACHER LA SURFACE QUE L'ON GRAVE, EXERCER UNE PRESSION CONTINUE SUR LA LAME.

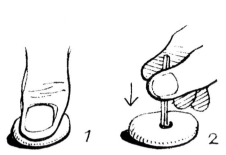 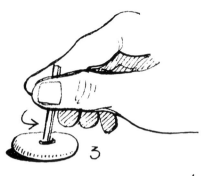

PERLES, BRELOQUES

Perles plates, ondulées, sphériques, cubiques, décorées ou non, crues ou cuites...

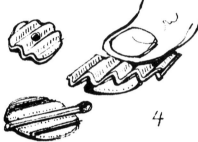

Les perles plates sont les plus faciles à réussir : elles ne subissent pas de déformation à la cuisson ou au séchage.

Faire une boule de pâte, l'aplatir avec le pouce (1).
Enfoncer une allumette pour former le trou (2).
Tourner l'allumette pour obtenir un trou large et rond (3).
Gaufrer à volonté la surface (4).
Décorer lorsque la pâte est bien dure (5).
Enfiler sur un fil épais (le fil de nylon risque d'entamer la pâte séchée) (6).

On peut très bien faire des perles, que l'on enfile fraîches sur une aiguillée de grosse laine, et les faire sécher en suspendant le collier ainsi constitué.

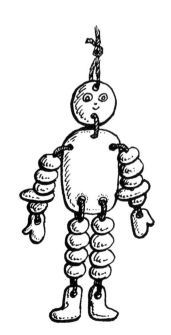

JOUER AVEC LA COULEUR

Superposer, juxtaposer de la pâte aux couleurs différentes : des exercices géométriques variés pour comprendre la soudure des éléments.

Rayures, damiers

- Première formule : superposer des bandes de pâte d'épaisseur égale mais de couleurs différentes (1) ; couper en tranches (2) ; superposer ces tranches en alternant les couleurs (3) ; couper à nouveau en tranches que l'on peut étaler (4).

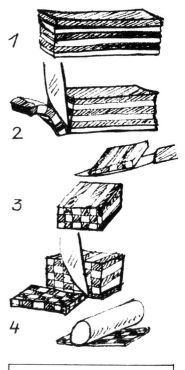

- Deuxième formule : préparer des boudins de couleurs (1) ; les aligner et les aplatir (2) ; couper des lanières que l'on ordonne en faisant alterner les couleurs (3 et 4).

Torsades, tresses

La pâte à sel colorée roulée en boudins permet de faire des torsades, tresses, tissages décoratifs. Pour décorer des perles dans la masse : orner un boudin de pastilles et d'un filet de pâte (rouler le boudin pour lui faire « avaler » les éléments rajoutés). Couper, remodeler et percer chaque tronçon.

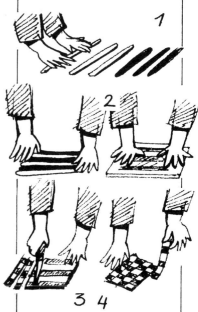

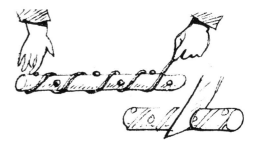

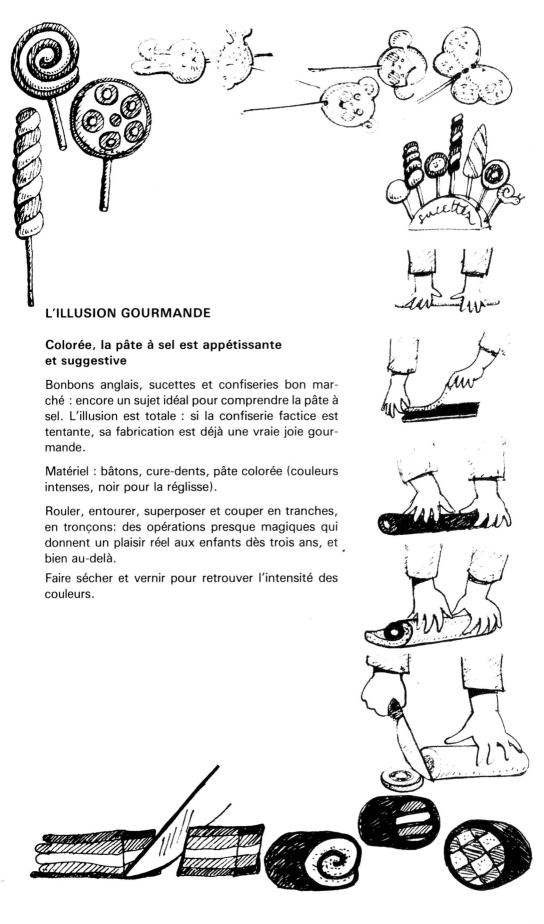

L'ILLUSION GOURMANDE

Colorée, la pâte à sel est appétissante et suggestive

Bonbons anglais, sucettes et confiseries bon marché : encore un sujet idéal pour comprendre la pâte à sel. L'illusion est totale : si la confiserie factice est tentante, sa fabrication est déjà une vraie joie gourmande.

Matériel : bâtons, cure-dents, pâte colorée (couleurs intenses, noir pour la réglisse).

Rouler, entourer, superposer et couper en tranches, en tronçons: des opérations presque magiques qui donnent un plaisir réel aux enfants dès trois ans, et bien au-delà.

Faire sécher et vernir pour retrouver l'intensité des couleurs.

L'utilisation de ciseaux permet d'obtenir des berlingots aussi vrais que nature. Préparer pour cela des rouleaux de pâte décorée.

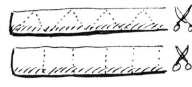

A partir de toutes ces formes géométriques, rayures, damiers, cercles concentriques..., que de compositions possibles !

Le relief en plus

Et c'est le monde des gâteaux factices. Profiter de l'éventail de formes proposées par la pâtisserie industrielle. Leur copie conduit à toutes sortes d'exercices : superposer, enrouler, strier, gaufrer, imprimer, cranter, graver...

La pâte à sel permet d'être vraiment pâtissier : seulement, les gâteaux sont trop salés !

Photos de la page précédente

Bonbonnière (8 cm de diamètre) cuite et peinte à l'aquarelle. Certaines parties sont vernies. La confiserie anglaise est en pâte colorée, séchée et vernie.

Pique-nique : les nappes sont obtenues en compressant plusieurs couleurs de pâte. Le pique-nique sur nappe rose et mauve (7 cm) est séché et verni. Celui au croissant est cuit et verni. Le poisson et les pains sont en pâte nature, cuits, colorés (crayons gras, feutres) et vernis.

Les ustensiles de cuisine apportent une aide précieuse à l'imitation gourmande. Faire de la crème chantilly avec une poche à douille ; des gaufrettes et petits gâteaux avec le relief de verres taillés. Pourquoi ne pas utiliser différentes consistances de pâte à sel (pâte à gros sel, fourrée de pâte à sel fin couleur chocolat, etc.) ?

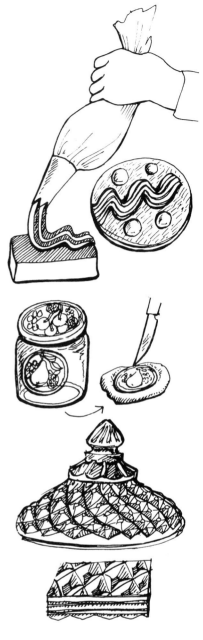

Quant aux stries faites au couteau, elles imitent la pâte feuilletée pour faire palmiers, torsades, millefeuilles... Toujours garder présente à l'esprit cette consigne : si la pâte peut porter l'empreinte de l'outil, elle ne doit pas garder celle des doigts.

Utiliser la lame de couteau pour transporter les éléments, ne jamais les retoucher. Préparer directement les modelages sur leur papier de séchage évite les manipulations inutiles.

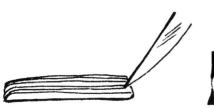

COMPRESSER LA PÂTE À SEL

Souder en pressant

Une planchette (plaque de verre ou de Plexiglas) permet de comprimer la pâte. Superposer des couleurs, pratiquer des torsions, des ondulations ; écraser à peine pour souder les éléments, ou davantage pour les mêler.

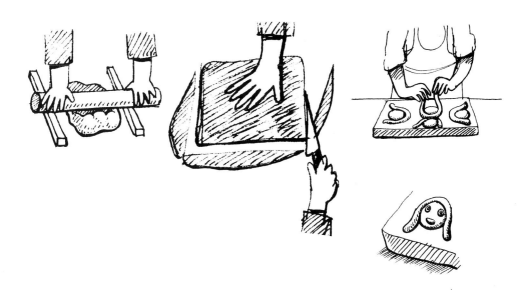

Préparer un fond

Deux réglettes de bois sur lesquelles on passe un rouleau à pâtisserie permettent d'obtenir une épaisseur de pâte régulière.

Décorer le fond de motifs aux couleurs différentes ; écraser avec la plaque de verre ; régulariser les bords.

Ces maisons minoennes en faïence (1700 av. J.-C.) pourraient bien s'imaginer en pâte à sel compressée...

ASPECTS TECHNIQUES DE LA COMPRESSION

Éléments superposés

Les éléments que l'on va écraser sur un fond seront déformés, étalés et rapprochés. Il faut tenir compte de ces données en les disposant.

Il faut réduire l'épaisseur des motifs et accentuer les espaces qui les séparent pour ne pas boucher ceux-ci à la pression.

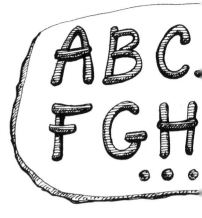

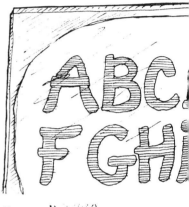

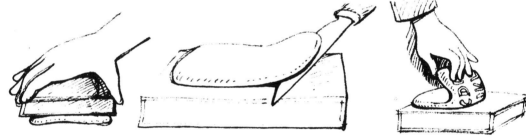

Plus on superpose les éléments, plus ils doivent être petits : chacun doit pouvoir s'étaler sans cacher complètement le précédent.

Toute boîte de plastique transparent remplace avantageusement la plaque de verre, lorsqu'il s'agit de petits motifs.

Si la pâte colle à la plaque, il suffit de glisser entre les deux une lame de couteau. Décoller ensuite à la main.

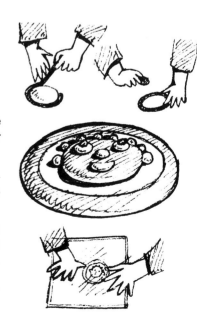

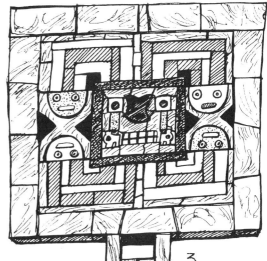

On peut également compresser des motifs ajourés en veillant à ce que les éléments se touchent en plusieurs points (1, grille-viande du XVIe s.)

Si on choisit de poser sur un fond un motif de couleur, le prévoir plus « maigre » puisqu'il doit être écrasé (2, assiette, Équateur, 500 av.-500 ap. J.-C.).

Éléments ajustés : la mosaïque

A partir de pâte colorée, étalée et découpée, on peut reconstituer une mosaïque. Ajuster les morceaux sur une feuille de papier, et les écraser pour les souder (3, miroir péruvien en marbres de couleurs variées).

Interpréter un document

• Avec des à-plats de couleur superposés
Matériel : un document (ici une peinture de Matisse) ; en pâte à sel, des couleurs correspondant au document.

Faire un fond épais d'un centimètre, y déposer les éléments du fond déjà aplatis (ici la jupe, le buste et les cheveux, 1).
Ajouter le cou, le visage, les manches et les bras (2).
Cerner chaque élément d'une lanière de pâte noire (3).
Terminer le décor par les éléments les plus petits (4).
Compresser jusqu'à obtenir une surface lisse (5).
Découper le pourtour et faire sécher. Vernir pour retrouver l'intensité des couleurs (6).

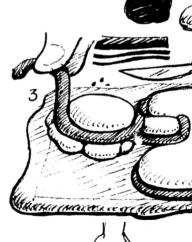

- Avec des touches de couleur

Matériel : un document aux couleurs nuancées (ici un portrait de Modigliani) ;
des couleurs variées que l'on peut encore mélanger entre elles.

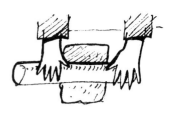

Étaler un fond de pâte nature (un centimètre d'épaisseur) qui sera complètement recouvert.

Mélanger grossièrement les couleurs entre elles au fur et à mesure des besoins.
Dessiner le motif à l'aide de lanières de pâte sombre.
Remplir les formes de miettes de pâtes colorées. Les ajuster avec la lame du couteau en les enfonçant largement dans la pâte blanche.

Compresser le tout lorsque le fond est couvert.

Faire sécher à plat et vernir pour retrouver l'intensité des couleurs.

Se servir de documents variés

A ceux qu'inspire le travail en couleurs, la pâte à sel permet d'associer la couleur à la matière.

La technique de la compression oblige à travailler simplement, ce qui donne une certaine allure aux réalisations.

Se rappeler que les motifs s'étalent quand on les écrase. Aussi est-il prudent de les préparer séparément et de les écraser avant de les poser sur le fond. On peut ainsi les réduire s'ils dépassent le format choisi, mais surtout ajouter sûrement les détails et limiter la déformation du motif en l'incrustant.

Cette technique permet de fabriquer des petits tableaux, des pancartes, mais aussi des jeux de loto, des dominos, des puzzles très solides (un demi-centimètre d'épaisseur au minimum). La cuisson peut apporter une solidité supplémentaire aux modelages. Ils peuvent être vernis ou cirés.

GRANDS FORMATS ET CRÉATION COLLECTIVE

La pâte à sel se pratique en groupe avec bonheur. Un treillis, ou un carton rigide, est nécessaire pour conserver un modelage de grand format.

Un « cadavre exquis » en pâte à sel

Chaque participant prépare une partie du modelage. On écrase l'ensemble pour souder les éléments. Le support peut être découpé au ras du modelage lorsque celui-ci est sec.

Photos de la page précédente : pâte colorée, compressée et séchée. Les motifs sont incorporés au support ou simplement superposés. Formats des modelages présentés : 6 centimètres pour les dominos, 10 à 15 centimètres pour les grandes plaques.

Le séchage de la pâte à sel

La pâte à sel doit sécher sur un support perméable (papier, buvard, carton) que l'on peut changer fréquemment pour accélérer le temps de séchage. Poser le modelage sur son support, puis sur une claie, pour permettre un séchage homogène (sur un radiateur en hiver). En été, le séchage au four (porte entrouverte, four doux) accélère la dessication, de même que l'exposition au soleil. Il faut compter au moins quinze jours de séchage à l'air pour un modelage de 10 sur 10 centimètres, épais d'un demi-centimètre.

LA CUISSON DE LA PÂTE À SEL

Tous les modelages présentés dans le chapitre précédent peuvent être cuits. La température du four doit être très douce pour la pâte colorée dans la masse, afin de conserver au maximum sa couleur d'origine.

LES AVANTAGES DE LA CUISSON

Les modelages cuits sont beaucoup plus solides : la cuisson opère une liaison parfaite des ingrédients dans la pâte. Les soudures sont aussi de meilleure qualité. La coloration au four peut être maîtrisée ; accentuée par une cuisson à four moyen ou chaud, elle est faible à four doux, nulle au four à micro-ondes.

FACILES, LES CACTÉES !

Des formes élémentaires, des structures simples : un bon exercice pour comprendre comment se construit un modelage. La cuisson opère la soudure finale des éléments.

- Matériel : de la pâte à sel nature ; des petits pots à cactus ; de la pâte à modeler pour caler le modelage dans son pot ; une encyclopédie des cactus, merveilleux répertoire de formes et de couleurs.

- Socle : écraser une boule, la piquer irrégulièrement.

Les lithops

On peut les faire à partir de boules largement fendues ou de boudins coupés en tronçons. Les poser sur le socle et ajouter des fleurs. Souder les éléments sans pression, avec une goutte d'eau.

Si les tronçons s'effondrent, les raccourcir, ou les caler avec d'autres masses. Peut-être aussi la pâte est-elle trop molle ? Ajouter alors de la farine.

DES LITHOPS
À PARTIR DE BOULES

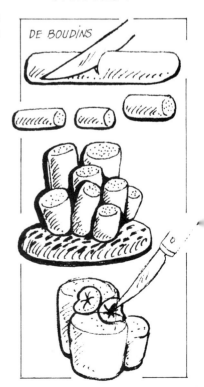

DE BOUDINS

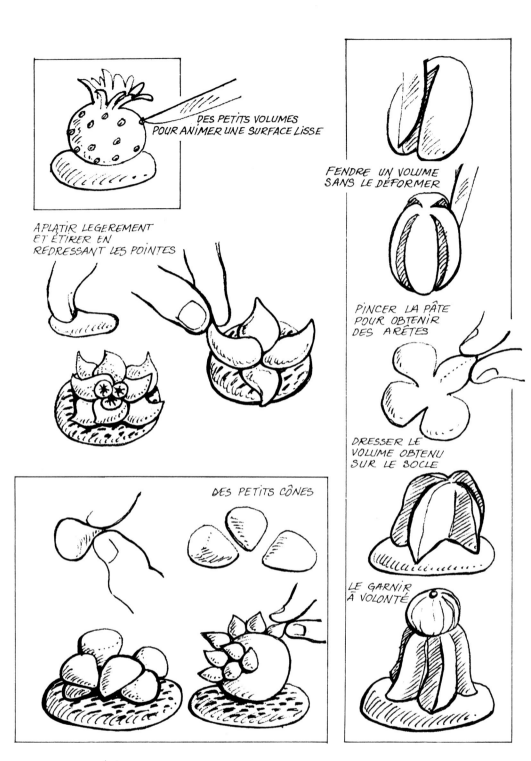

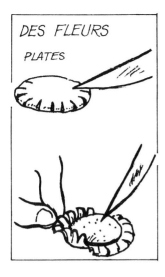
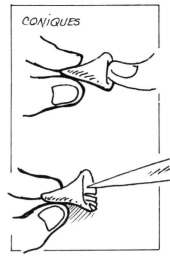

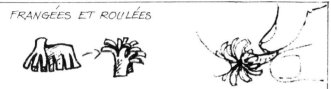

On peut aussi imaginer bien d'autres plantations... Ici les petits personnages sont soutenus par la masse importante du champignon.

RECOUVRIR DES VOLUMES ENTIERS DE RELIEFS VARIÉS

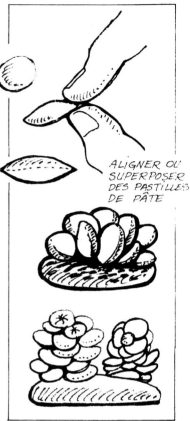

ALIGNER OU SUPERPOSER DES PASTILLES DE PÂTE

Une boule de pâte recouverte d'éléments lisses ou striés retrouve sa rondeur si on la fait rouler avant de l'utiliser. Des marques au couteau peuvent lui donner une nouvelle structure.

• Cuisson : la cuisson à four moyen donne de belles colorations. Faire quelques cactées avant d'enfourner. Le temps de cuisson diffère selon les volumes de pâte : surveiller la cuisson et retirer au fur et à mesure les modelages cuits (vérifier avec la lame du couteau).

• Couleur : utiliser de l'aquarelle, de la gouache, des crayons de couleur. Afin de garder les nuances apportées par la cuisson, diluer le plus possible les couleurs. Ajouter du blanc pour retrouver les couleurs laiteuses des cactées. Quelques taches plus sombres ou plus claires sur une surface humide diffusent agréablement.

TRANSFORMER UN VOLUME AU COUTEAU

44

ART POPULAIRE

Dentelles, feuillages, rubans, voici des décors luxuriants pour ces pains destinés à la décoration et à la célébration de fêtes :

marques en creux pour ce pain rituel du Japon en forme de poisson, pour ce pain d'épices (Dinant, Belgique) en forme de soulier (2 et 4) ;

fleurs et feuillages striés, recouvrant richement la surface de ce cœur d'amoureux (1) (Yougoslavie) ;

rubans froncés et cordons bouclés pour ce personnage en pâte décorant un gâteau de mariage (3) (Tchécoslovaquie) ;

nervures, découpes de feuilles au couteau pour ce nid d'oiseau (5) (pain de mariage polonais).

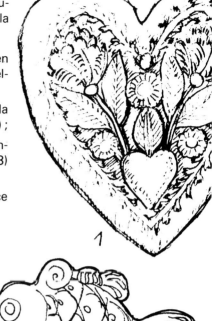

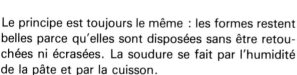

Le principe est toujours le même : les formes restent belles parce qu'elles sont disposées sans être retouchées ni écrasées. La soudure se fait par l'humidité de la pâte et par la cuisson.

Pour obtenir une cuisson dorée, on peut humidifier le modelage au vaporisateur. Du jaune d'œuf additionné d'eau accentue encore la dorure.

MARINE

Souder en alignant

Découper des bandes de pâte colorée.
Les festonner en repoussant la pâte par endroits avec la pointe du couteau.

Disposer les bandes festonnées l'une contre l'autre.
Exercer une petite pression pour qu'elles tiennent ensemble.
Ajouter la barque. Un morceau d'allumette piqué dans la coque et la vague sert de mât.
La voile est à la fois retenue par la coque et le mât.
La cuisson se fait à chaleur douce (thermostat 3) pour ne pas changer les couleurs de la pâte.

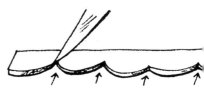

Photos de la page suivante

Marine (6 × 8 cm).
Mise en scène d'un personnage. Pâte nature cuite lentement pour rester blanche, décorée ensuite à la plume et à la gouache légère.

JARDINS, MAQUETTES

Superpositions d'éléments sur un support plat

Les modelages plats présentent des risques de boursouflure à la cuisson. Plus une surface est chargée d'éléments volumineux, moins elle risque de gonfler (1). Plus elle est dégagée ou légèrement décorée (2), plus sa cuisson nécessite une surveillance attentive ; elle risque en effet de cloquer.

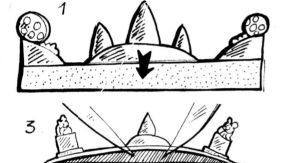
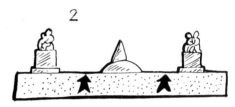

Lorsqu'on se rend compte que la surface se soulève en cuisant, on peut la repousser avec un gant ou, mieux encore, la percer en divers endroits pour faire sortir l'air et la faire à nouveau adhérer au fond (3).

Si l'on a trop laissé la surface gonfler, elle risque d'être gondolée, une fois repoussée sur son support (4). Pour prévenir ce genre de désagrément, laisser un peu dessécher le modelage à four doux avant d'augmenter la température.

Statues, personnages : plus ils sont petits, plus ils sont expressifs tout en nécessitant un minimum d'interventions : une marque au couteau indique l'aine, l'aisselle, les hanches... Ils ont besoin de support pour tenir debout.

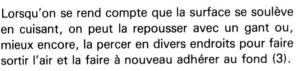
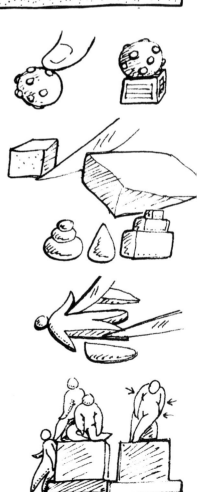

Petits jardins (12 cm de diamètre) et maquette-jeu (éléments interchangeables de 4 cm × 4 cm) : fonds de pâte décorée de reliefs simples. Cuisson à four moyen et utilisation d'aquarelle légère sur certaines surfaces.

Petit ours (4 cm) : pâte nature cuite, écharpe colorée au feutre pastel.

LE MODELAGE EN RONDE BOSSE

Sans armature, la pâte à sel ne permet, en ronde bosse, que des modelages très petits, ou de faible hauteur s'ils sont plus importants. La souplesse de la pâte provoque des affaissements qui s'accentuent à la cuisson ; on peut limiter ces inconvénients en recherchant des modelages massifs et en équilibrant les masses.

Une petite chouette (2,5 centimètres)

Pour permettre de comprendre les limites de la pâte à sel :

Donner une assise à un morceau de pâte.

La tête doit être posée de façon à ne pas déséquilibrer le corps, ce qui est plus facile si elle est petite ; l'arête du nez ainsi que les oreilles sont obtenues en pinçant la pâte ; les yeux et le bec sont marqués à la pointe du couteau.

Poser la tête en équilibre avec une goutte d'eau pour la souder.

Plus les ailes sont petites, donc légères, mieux elles restent en place ; plus lourdes, elles ont tendance à tomber.

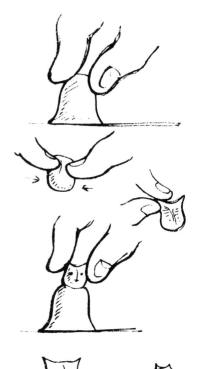

L'ours (4 centimètres)

Son ventre est massif pour supporter le poids de la tête. Les pattes assurent la stabilité de l'ours qu'il a fallu pencher en avant : en effet la chaleur fait gonfler les masses importantes. Le gonflement du ventre demande à être compensé en déplaçant l'axe du modelage vers l'avant. Il faut un peu d'expérience pour maîtriser ces réactions à la chaleur.

Une écharpe striée permet de cacher les articulations et l'inévitable déchirure de la pâte provoquée par la cuisson à la base de l'animal.

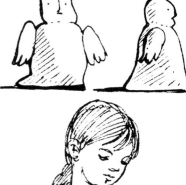

Ce personnage assis (hauteur : 4 centimètres) s'est affaissé pendant la cuisson malgré le morceau de pâte calé derrière son dos. Deux « tissus » de pâte colorée et compressée ont été préparés pour l'habiller (cf. p. 31). Les plis sont disposés librement, la tête mise en place ensuite. Les extrémités, trop minces, ont brûlé à la cuisson : une épaisseur de pâte, glissée sous les pieds et la robe, aurait atténué cet effet. Le visage est fini à la plume, l'ensemble est verni.

PRÉVOIR LA TENUE VERTICALE DE MODELAGES EN BAS-RELIEF

Un modelage peut être conçu à l'horizontale sur une feuille d'aluminium, puis redressé après cuisson. Pour cela, il faut lui donner une base large, que l'on tranche à la perpendiculaire.

Des modelages irréalisables verticalement peuvent ainsi être présentés à la verticale, une fois durcis par la cuisson. On peut de cette manière obtenir des motifs aérés, moins massifs qu'en travaillant en ronde bosse. Seulement, le dos du modelage est sans décor.

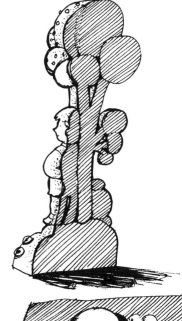

L'association du modelage en ronde bosse et du modelage en bas-relief permet de réaliser toutes sortes de pièces de jeux. Si la base présente des irrégularités, elle peut être limée ou poncée.

1 - Modelage cuit réalisé par un enfant de sept ans (11 cm × 9 cm). La pâte a été estampée avec un outil. L'adjonction de farine lui donne un aspect velouté.

2 - Chêne cuit et verni. Sa large base lui permet de tenir debout (12 cm).

3 - Groupe de personnages décoré de stries au couteau, cuit et verni (15 cm).

Un chêne en bas-relief qui tient debout

L'important, lorsqu'on prévoit de redresser un modelage après sa cuisson, est d'équilibrer l'ensemble.

Le modelage présenté ici donne de l'importance au feuillage. Mais l'épaisseur de celui-ci le rend pesant ; il demande une base très stable pour le supporter.

Mise en place du volume : le tronc et le feuillage sont ébauchés à l'aide de boudins et de boules de pâte (1).

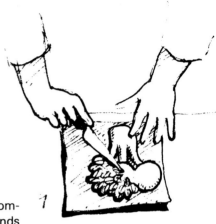

Feuilles et glands sont ajoutés jusqu'à recouvrir complètement les masses du feuillage (2). Les glands sont faits de boules de pâte à demi enfermées dans une fine épaisseur de pâte (cupule). Chaque feuille (2 bis) est festonnée au couteau puis soudée à l'arbre d'un coup de lame à l'endroit de la nervure centrale.

L'importance et le poids du feuillage demandent à exagérer l'épaisseur du tronc, notamment à sa base (3) ; pour d'autres sujets, il est prudent d'ajouter des volumes de pâte (rochers, cailloux...) pour augmenter la surface de base. Celle-ci est alors coupée à la perpendiculaire.

L'envers du chêne montre les différentes étapes du modelage. Son volume est ébauché sans souci de finition, les détails viennent en surface.

CONTRASTE DES COULEURS ET DES VOLUMES À LA CUISSON

Branchages et couronnes

Affiner, cranter, étirer ; plus les éléments sont minces, plus ils cuisent rapidement et prennent de la couleur.

Fabrication d'un oiseau

Allonger en le roulant un morceau de pâte. Se rappeler que la surface doit rester belle et lisse après les étirements et les torsions. Tous les gestes doivent s'accompagner de douceur et de précaution. Il faut éviter de tenir le modelage en main, et, si l'on y est contraint, éviter d'y enfoncer les doigts.

Après avoir tordu légèrement le rouleau de pâte pour faire le cou, étirer la pâte entre le pouce et l'index pour obtenir le bec (1).

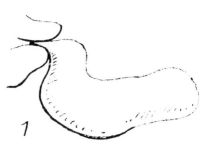

Sur la table, rouler l'oiseau en posant le doigt à l'attache de la queue, pour affiner ce point précis ; aplatir légèrement la queue sur la table (2).

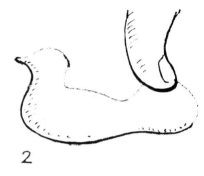

En prenant appui sur la table, couper les plumes au couteau (l'utilisation de ciseaux évite de tenir l'oiseau en main). Marquer les yeux à la pointe du couteau (3).

Ajouter les ailes en les soudant d'un coup de lame après les avoir humectées (4).

Déposer (sans pression) l'oiseau dans son nid. Les parties pointues doreront davantage à la cuisson (5).

CRANS ET FRANGES

Une souplesse supplémentaire apportée à la pâte

Voici quelques façons très simples d'obtenir des branchages aux effets naturels.

L'extrême souplesse de la pâte crantée demande qu'on la dépose librement sur la feuille d'aluminium, avec un minimum de retouches : les superpositions de branchages créent des volumes ; il faut laisser la pâte s'adapter et épouser librement les volumes déjà en place (1).

On peut utiliser des bandes de pâte dont on amincit un bord ou les deux, avec l'index, de façon à pouvoir faire des crans simples ou doubles. Faire quelques essais avant de se lancer dans la réalisation de couronnes. S'exercer à transporter ces lanières fragiles à l'aide du couteau ; plus les crans sont profonds, plus celles-ci sont fragiles (2).

Les éléments superposés sont blonds à la cuisson, leurs pointes sont colorées. Ne pas utiliser de contrastes de volumes trop forts et surveiller de près la cuisson (four moyen) : si on laisse les pointes colorer trop vite, elles seront brûlées en fin de cuisson.

1 - Couronne décorée d'œufs, d'oiseaux et de boucles. Pâte nature cuite à four moyen et vernie. La coloration variée provient du contraste des volumes (12 cm de diamètre).

2 - Cœur bicolore (12 cm). Pâte teinte dans la masse à l'encre bleue et pâte nature. Cuisson lente à four doux pour garder à la pâte sa pâleur, et vernissage.

3 - Maisonnette aux pains (17 cm). Seuls les pains ont été colorés et vernis après une cuisson lente de l'ensemble; une cuisson à four doux est indispensable pour un tel modelage, aux épaisseurs aussi variées.

MODELAGES MASSIFS

Les modelages massifs sont les plus adaptés à la fragilité de la pâte à sel. Cuits, ils ont une solidité remarquable si on sait éviter les reliefs trop minces, fragiles et exposés aux brûlures.

Les aspérités d'un modelage sont les plus exposées à la chaleur, et dorent davantage. Les netsukés (ivoires japonais), aux formes très ramassées, sont de bons sujets à interpréter en pâte à sel. Une cuisson très douce et un vernissage final donnent à la pâte l'aspect de l'ivoire.

COMPOSITION AÉRÉE

Prévoir la soudure des éléments

Ce motif (ivoire du Moyen Age) a pour fond un feuillage dispersé. La pâte à sel permet ces compositions délicates. C'est la superposition et la juxtaposition des éléments qui assurent la solidité de l'ensemble.

Disposer les feuilles. Poser par-dessus tiges et nervures centrales, premiers éléments de soudure (1). Le médaillon central et les personnages finissent de relier les éléments entre eux. Toujours s'assurer que chaque élément a plusieurs points d'attache, cela surtout si l'ensemble présente des masses variables (2).

MODELAGE D'UN VISAGE

Un résultat expressif pour une opération très simple

Prendre une boule de pâte et marquer l'emplacement des yeux et du nez avec les index — presser à peine en rapprochant les doigts (1).

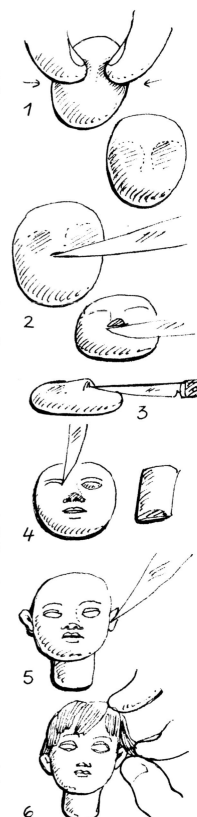

Marquer la base du nez avec le couteau et repousser la pâte pour lui donner du volume (2).

En creusant chaque narine à la pointe du couteau, le nez devient presque réel (3).

Dessiner les yeux et la bouche à la pointe du couteau. Ouvrir légèrement la bouche et marquer les lèvres. Faire le cou que l'on glisse derrière la nuque pour augmenter la surface de soudure (4).

Ajouter les oreilles, les souder en enfonçant légèrement la lame du couteau (5).

Étaler la pâte finement, la strier et la déchirer en morceaux que l'on pose sur le crâne par mèches, soudées d'une simple pression du doigt (6).

PHOTO DE FAMILLE

**Adaptation d'un document
Les différentes étapes d'un modelage**

Mettre en place les personnages, avec des formes simples. Préparer les bras séparément, puisqu'ils sont ajoutés en dernier lieu.

HABILLER LE BÉBÉ ET LE PERSONNAGE QUI LE PORTE AVANT DE LES SUPERPOSER.

Les détails et la finition

Ajouter les détails à la main et au couteau.

Aplatir la pâte pour y découper les vêtements. Leurs formes peuvent être très simples : la souplesse de la pâte permet de les étirer ou de les resserrer pour les ajuster.

Déterminer la chaleur du four en fonction des différentes épaisseurs du modelage. Les têtes et les pieds risquent de cuire plus vite : une cuisson progressive (four doux à four moyen) limite les écarts de coloration.

STRIER, PLISSER, TRESSER

La couleur donnée par le relief

Cette sculpture de la cathédrale de Chartres fait usage de la ligne en creux. La pâte à sel peut donner des résultats identiques, sans connaître les contraintes de la sculpture : le modelage ajoute, alors que la sculpture retire de la matière.

Pour habiller un personnage en donnant à cette pâte souple l'aspect rigoureux de la pierre taillée, il faut :

Ébaucher un personnage, préparer des draperies. Plus la pâte est striée, mieux elle s'étire (1).

Prévoir pour la jupe une largeur suffisante pour pouvoir l'allonger en la posant (cela donne aux stries finesse et rigueur) ; ajouter col et poignets (2).

Poser les manches en appliquant la pâte contre le personnage, avec la lame du couteau (3).

Abaisser les bras et mettre la ceinture (4).

Faire des marques au couteau pour former les plis à l'intérieur des bras ; préparer les manches que l'on ajoute avant de placer définitivement les mains (5).

Tresser des lanières de pâte striée, les poser en les étirant à peine (6).

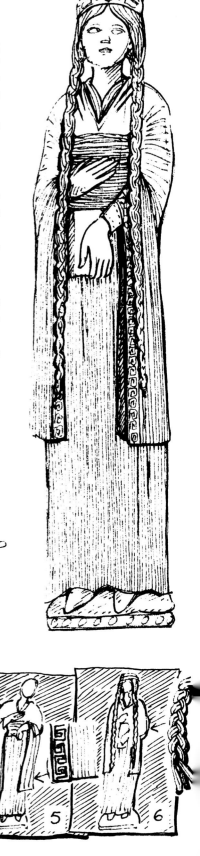

Bas-reliefs
Pâte à sel nature, cuisson à four moyen

1 - Modelage inspiré d'un pendentif en or d'Amérique centrale (8 cm).
2 - Modelage inspiré d'une terre cuite maya (15 cm).

PLUMES, DRAPÉS, CHEVELURES

Accrocher la lumière par l'ordonnance et la répétition de reliefs tout simples

Les sculptures des cathédrales sont de vraies leçons de modelage. Elles présentent une grande richesse de formes et de décors dont la pâte à sel tire parti avec bonheur. Quoique la sculpture, à l'inverse du modelage, procède en éliminant de la matière, les différents éléments de cet ange (Chartres) semblent avoir été conçus séparément.

• Ailes : ébaucher les ailes et préparer des boules de pâte plus ou moins allongées. Écraser chaque boule et marquer l'axe de deux coups de lame. Fixer les plumes en commençant par celles du bas ; les plus longues peuvent être à peine étirées.

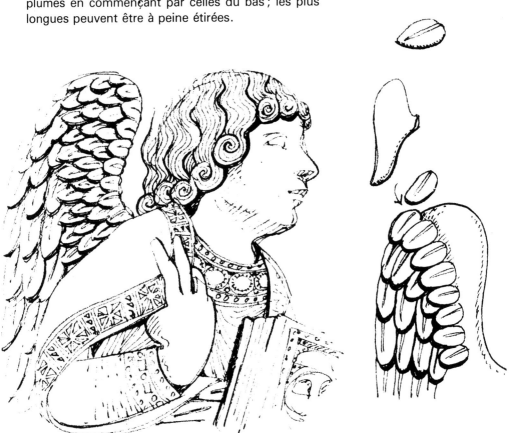

• Chevelure : strier la pâte après l'avoir aplatie. Retirer une bande de cette pâte striée en l'étirant pour affiner son relief. Déposer chaque mèche sur le crâne en lui donnant des ondulations.

• Galons : tous les décors sont possibles à partir de petites épaisseurs de pâte : fines lanières, pastilles de toutes tailles, fixées sur une surface à peine humectée, estampage à l'aide d'outils... ici encore, miser sur la simplicité et la répétition.

- Tissus, drapés : habiller le personnage de morceaux de pâte abaissée finement. Ajuster le vêtement au personnage en marquant les plis au couteau, ce qui permet aussi de cacher les soudures. Pour obtenir des effets variés, déposer les « tissus » en les pliant, en les étirant.

Donner le mouvement définitif au personnage après son habillage complet ; si la pâte a desséché, pulvériser un peu d'eau sur la pâte pour lui redonner sa souplesse.

Photos de la page suivante
Pâte nature cuite à four moyen (bas-reliefs)

1 - Modelage inspiré d'une sculpture africaine. Formes simples étirées, soudures estompées en lissant la pâte avec un peu d'eau (14,5 cm).

2 - En médaillon, modelage en pâte (16 cm) aux formes striées, étirées, recourbées. D'après un pendentif colombien.

Ce personnage de pâte originaire de Tchécoslovaquie utilise des bandes de pâte froncées, nouées, torsadées sur une surface froncée, piquée et striée.

Quant aux chefs-d'œuvre de l'art roman, on peut vraiment penser qu'ils étaient esquissés en modelage avant d'être sculptés dans la pierre (l'*Arche de Noé* et *la Tentation d'Ève,* Autun). Ondulations, étirements, superpositions de reliefs géométriques : la pâte à sel se prête particulièrement bien à ce vocabulaire.

Il faut garder aux bas-reliefs une épaisseur régulière ; une cuisson, douce au départ, évite au fond de gonfler ; une chaleur moyenne ensuite assure la soudure des éléments, leur cuisson et leur coloration.

1 - Modelage en bas-relief inspiré de l'Épicerie du pauvre (peinture de J.-F. Peto). Le fond est piqué à l'aiguille (11 cm x 15 cm). Après cuisson (four doux, puis moyen), aquarelle très légère et vernis sur certaines parties.

2 - Pâte nature striée au couteau (hachée, pour l'herbe), rehaussée après cuisson à l'encre noire et à la gouache rouge.
Vernis (12 cm x 8 cm).

  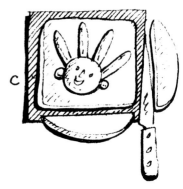

COMPLÉMENTS TECHNIQUES

LIMITER BRÛLURES ET GONFLEMENTS

Obtenir un résultat solide et exempt de brûlures

Sur un fond de pâte on peut disposer les formes librement (C). Mais en l'absence de fond, que le modelage soit cuit ou séché, il faut resserrer au maximum les éléments pour limiter fragilité et brûlures (A et B).

Gonflements à la cuisson

Un rectangle de pâte coupé (1) et cuit à four moyen ressort gonflé comme un oreiller (2).

Le même rectangle (3) piqué profondément ne gonfle pas à la cuisson. La cuisson dessèche la pâte en surface, et plus celle-ci est plate, plus elle a tendance à se soulever en cuisant. En intervenant à temps, on peut repousser la surface cloquée à l'aide d'un gant et continuer la cuisson en baissant le thermostat (4).

La pâte à sel ne permet pas de fabriquer des récipients profonds. Pour que le bord ne s'affaisse pas, il faut le prévoir épais et peu élevé. La cuisson doit être démarrée à four doux et poursuivie à four moyen lorsque le modelage a durci.

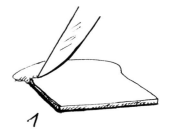

1

2

3

4

Importance des rapports de masse

En règle générale, plus les masses superposées sont semblables, moins elles se déforment à la cuisson à four moyen (1).

Une plaque de pâte garnie d'éléments irrégulièrement répartis gonfle autour de ceux-ci s'ils sont lourds (2), ou soulève le décor, s'il est léger (3 et 4).

Des poids bien répartis sur une plaque de pâte empêchent celle-ci de gonfler (5). Si cette plaque est fine et si les éléments qu'elle porte sont volumineux, elle colore plus à la cuisson (four moyen) : les éléments ressortent en clair sur fond doré.

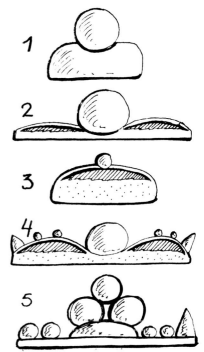

Les déformations d'un volume isolé selon le type de dessication

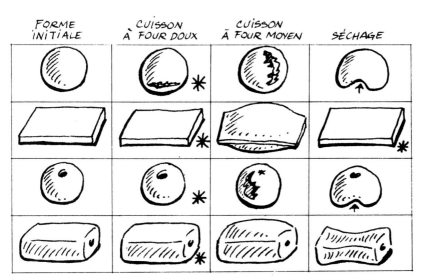

* Mode de dessication préférable.

La pâte sèche et cuit d'abord en surface. Lorsque l'humidité restante s'échappe à travers une surface sèche, elle provoque inévitablement des failles et des cassures (séchage), des éclatements ou des brûlures (cuisson trop rapide). Il faut donc trouver à chaque forme son mode de séchage approprié.

CUITES OU SÉCHÉES, LES PERLES SONT PLUS FACILES À RÉUSSIR. POUR ÉTAYER LE TROU DES PLUS ÉPAISSES, UTILISER DES MACARONI !

ARTICULATIONS, ATTACHES

On peut prévoir la suspension des modelages avant de les cuire.

Matériel nécessaire : du fil de laiton et une pince coupante.

Replier ou torsader les extrémités de chaque attache pour lui assurer une bonne tenue dans la pâte. Veiller à ce que la pâte recouvre bien les attaches.

Ce procédé permet aussi d'articuler les modelages. Pour cela, entrecroiser deux attaches avant de les incruster dans les éléments de pâte.

Tenir compte de la forme et du poids des modelages pour choisir l'emplacement des points de suspension.

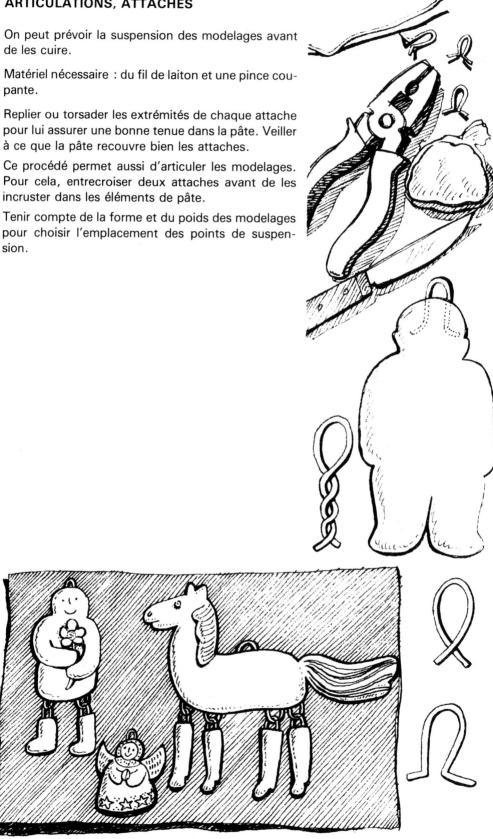

ARMATURES

Les masses importantes de pâte sont très longues à cuire et présentent facilement des parties brûlées.

Pour économiser la chaleur et obtenir des modelages uniformément colorés, on peut éliminer une certaine quantité de pâte en la remplaçant par du papier d'aluminium : chiffonner l'aluminium ; le recouvrir de pâte ; compléter le modelage et le cuire ; retirer l'aluminium.

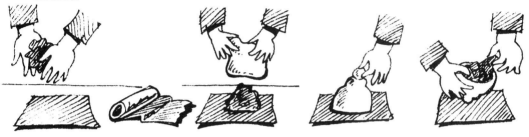

L'aluminium est assez malléable pour former des armatures précises. Toutefois, comme la pâte a tendance à retomber, il faut se contenter de formes simples.

Marionnettes à doigts

Les armatures peuvent aussi être en carton. Ici en découpant une boîte à œufs, on récupère des cônes que l'on recouvre de pâte, en évitant les reliefs trop importants : leur poids les ferait tomber au cours de la cuisson.

FINITIONS

La pâte à sel séchée ou cuite peut être décorée au crayon, au crayon gras, à la peinture, à l'aquarelle, au feutre ou à la plume (l'utilisation de celle-ci demande une surface très lisse).

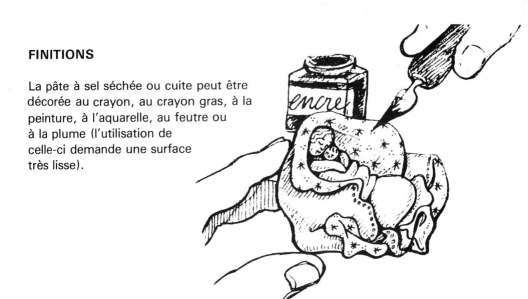

Vernis

Le vernis fait briller mais surtout protège de l'humidité qui ramollit la pâte à sel. Choisir un vernis à bateau et vernir entièrement le modelage. Pour le séchage, poser les objets vernis sur des allumettes.

Retouches

On peut rectifier un décor dessiné en le grattant avec la lame d'un couteau. Une couleur trop dense peut être atténuée en lavant rapidement le modelage à l'eau, avec un pinceau. Faire sécher avant de reprendre la décoration.

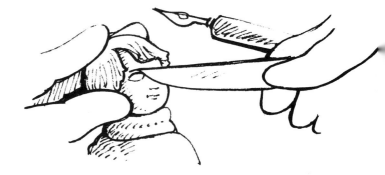

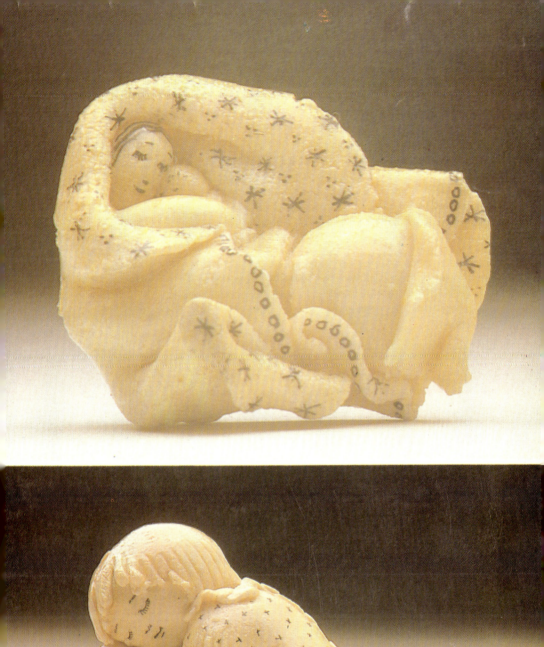

Préparer des surfaces lisses, à décorer après cuisson

Aplatie sur une surface lisse, la pâte à sel présente au contact de celle-ci un poli parfait. L'utiliser si l'on recherche des surfaces à décorer, à la plume notamment.

Les boules, les boudins bien réguliers, les éléments étirés doucement ont des surfaces faciles à décorer. Plus les décors sont fins et limités, mieux le modelage est mis en valeur : un modelage entièrement couvert de peinture opaque perd le charme de sa couleur et de sa matière.

Voici deux personnages en terre aplatie, roulée et légèrement étirée : l'étirement n'abîme ni la surface ni la forme. Avec la pâte à sel, les soudures peuvent être aussi effacées, lissées au doigt après avoir été humidifiées.

Les décors sont entièrement constitués de traits de couleur pour cette cloche béotienne (VIIe s. av. J.-C.). La surface colorée du manteau de ce personnage maya assis complète un décor de reliefs simples.

Photos de la page précédente
Pâte nature, cuisson douce, décor à l'encre de Chine (plume) avant vernissage.

1 - Personnage drapé (5 cm) dans deux morceaux de pâte finement aplatie, déposés librement. Une cuisson douce lui donne une couleur ivoire.

2 - Modelage à partir de boules et de boudins : les surfaces très lisses permettent un décor à la plume. En raison de son volume moindre, le rocher à la souris a cuit plus vite et doré davantage.

Humidification

Si l'on doit interrompre un modelage, ou si celui-ci dessèche, il suffit de l'humidifier à l'aide d'un vaporisateur et de le recouvrir d'un film de plastique. A la cuisson, cette humidité lui donne un coloris plus roux.

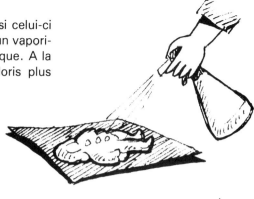

PRÉSENTATION DES MODELAGES

La pâte à sel séchée ou cuite supporte l'intervention de la scie, de la perceuse, de la lime, du papier de verre... Aussi peut-on facilement rectifier une base instable, agrandir des trous bouchés à la cuisson. La pâte séchée ou cuite est cependant cassante : procéder avec précaution.

Cellophane, bocaux, cloches de verre, petites vitrines... protègent et apportent un fini supplémentaire aux modelages. Ainsi protégés de l'humidité et de la poussière, ils se conservent indéfiniment.

Encadrements

Encadrés, les modelages en pâte à sel sont mis en valeur par la couleur et la texture du fond. Velours et soierie leur donnent un aspect précieux.

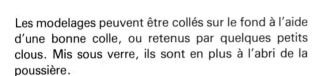

Les modelages peuvent être collés sur le fond à l'aide d'une bonne colle, ou retenus par quelques petits clous. Mis sous verre, ils sont en plus à l'abri de la poussière.

Les encadrements peuvent être faits en pâte. Pleins ou aérés, estampés, ils peuvent s'agrémenter d'incrustations de morceaux de miroir, de verre de couleur… Il faut les faire sécher ou cuire en évitant qu'ils gondolent.

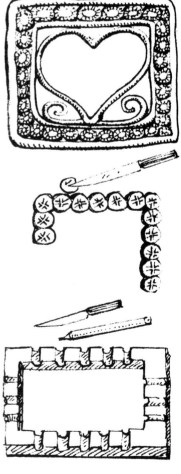

MODELAGE ET PHOTOCOPIE

Passés à la photocopieuse, les modelages aux faibles reliefs et peu colorés (cuisson blanche ou pâte nature séchée) donnent de belles images.

Les photocopies ainsi obtenues peuvent être découpées et utilisées en décors d'affiches, cartes de vœux, etc. Pour cela, les modelages doivent être le plus plat possible. Les motifs réguliers font beaucoup d'effet.

Ci-dessous, photocopie d'un bas-relief utilisant lanières coupées au couteau et pastilles de pâte.

TABLE DES MATIĒRES

Présentation
Avant-propos	3
Introduction	4
La pâte à sel : sa fabrication	6
Que faire avec la pâte à sel ?	10
Technique de base	11
Petit lexique de la pâte à sel	14
Les outils	16
Faire des empreintes	18
L'installation du modeleur	19

Le modelage sans cuisson
soudure, compression, séchage

Le jeu, les incrustations	20
Perles, breloques	24
Jouer avec la couleur	25
L'illusion gourmande	26
Compresser la pâte à sel	30
Aspects techniques de la compression	32
Grands formats et création collective	38

La cuisson de la pâte à sel

Les avantages de la cuisson	39
Faciles, les cactées !	40
Art populaire	45
Marine	46
Jardins, maquettes	48
Le modelage en ronde bosse	50
Prévoir la tenue verticale de modelages en bas-relief	52
Contraste des couleurs et des volumes à la cuisson	55
Crans et franges	56
Modelages massifs	58
Composition aérée	58
Modelage d'un visage	59
Photo de famille	60
Strier, plisser, tresser	62
Plumes, drapés, chevelures	64

Compléments techniques

Limiter brûlures et gonflements	70
Articulations, attaches	72
Armatures	73
Finitions	74
Présentation des modelages	77
Modelage et photocopie	79

© Éditions Fleurus, 1986.
Droits de traduction et de reproduction réservés pour tous pays. Toute reproduction, même partielle, de cet ouvrage est interdite sans l'autorisation préalable de l'éditeur. Une copie ou reproduction par quelque procédé que ce soit photographie, microfilm, bande magnétique, disque ou autre constitue une contrefaçon passible de peines prévues par la loi sur la protection des droits d'auteur.

Achevé d'imprimer en Janvier 1992
par Ouest Impressions Oberthur
Dépôt légal à la date de parution
ISBN 2-215-00907-1
9e édition
Imprimé en France